Instrumentu Sira Ne'ebé iha Talin

Hakerek-na'in: Rhianne Conway
no Ryan Conway

Ilustrasaun husi Eduardo Marques
da Piedade

Library For All Ltd.

Library For All nu'udar organizasaun Australiana ne'ebé la buka lukru. Library For All ho nia misaun forma koñesimentu ne'ebé ema hotu bele asesu liuhosi biblioteka dijitál ne'ebé inovativu.
Vizita ami iha: libraryforall.org

Instrumentu Sira Ne'ebé iha Talin

Publikasaun dahuluk 2021

Publikadu husi Library For All Ltd
Email: info@libraryforall.org
Website: libraryforall.org

Livru ida-ne'e bele prodús tanba simu suporta laran-luak husi Education Cooperation Program.

Ilustrasaun husi Eduardo Marques da Piedade

Instrumentu Sira Ne'ebé iha Talin
Rhianne Conway no Ryan Conway
ISBN: 978-1-922647-21-4
SKU01967

Instrumentu Sira Ne'ebé iha Talin

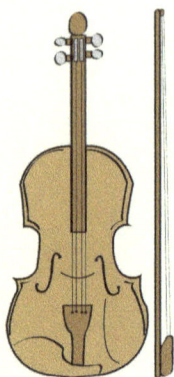

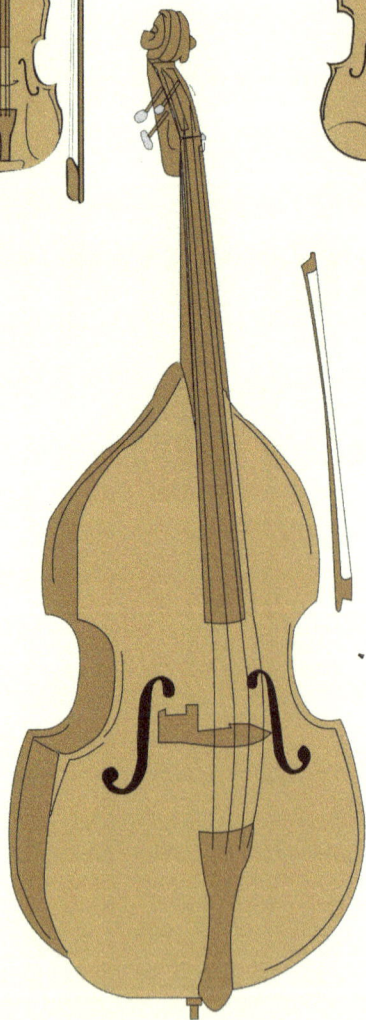

Instrumentu-talin mak instrumentu sira-ne'ebé iha talin. Instrumentu sira-ne'e bele halimar ho téknika stram, fokit talin ka uza arku.

Instrumentu sira-ne'e uza atu halo múzika oioin.

Instrumentu sira-ne'e maioria uza ba múzika klásiku.

5

6

Ne'e mak violinu ida. Violinu iha talin haat ne'ebé toka uza arku. Violinista sira tau violinu iha sira-nia hasan-hun okos.

Ne'e mak viola ida. Viola boot liu violinu uitoan, iha talin haat no uza mós arku atu toka. Tokadór viola sira tau viola iha sira-nia hasan-hun okos hanesan violinista sira.

Ne'e mak cello ida. Cello mós iha talin haat no uza mós arku atu toka. Nia boot liu viola no halo lian ne'ebé boot liu. Cello hamriik iha rai leten no tokadór kaer cello nia isin bainhira toka.

Ne'e mak kontrabaixu ida. Kontrabaixu mós iha talin haat maibé boot liu cello no halo lian ne'ebé maka'as liután. Tokadór hamriik besik kontrabaixu no toka uza arku ida ka toka liuhosi fokit kontrabaixu nia talin sira.

Ne'e mak gitarra ida. Gitarra iha talin haat ne'ebé halimar uza téknika stram, fokit ho liman ka uza pik. Gitarrista ida rai gitarra iha sira-nia kelen ka uza sintu gitarra nian atu kaer metin gitarra iha sira-nia isin.

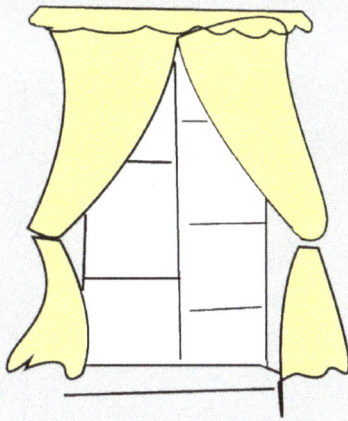

Imi hatene ka?
Piano mós instrumentu talin ida.
Piano nia talin rai subar iha
piano nia laran. Bainhira pianista
ida hanehan tekla piano ida,
martelu ida hanehan talin ida.
Asaun ne'e mak halo lian ne'ebé
imi rona.

Ó bele uza pergunta hirak-ne'e hodi ko'alia kona-ba livru ne'e ho ó-nia família, belun sira no mestre sira.

Ó aprende saida husi livru ne'e?

Ho liafuan ida ka rua deskreve livru ne'e. Kómiku? Halo ta'uk? Halo kontente? Interesante?

Ó sente oinsá bainhira ó lee hotu tiha livru ne'e?

Parte ida ne'ebé mak ó gosta liuhosi livru ne'e?

Kona-ba kontribuidór sira

Library For All servisu hamutuk ho hakerek-na'in no artista sira husi mundu tomak atu dezenvolve istória ne'ebé relevante, kualidade di'ak no kona-ba tópiku oioin. Ami halo istória hirak-ne'e ba lee-na'in labarik no joven sira.

Vizita website libraryforall.org atu hetan informasaun atuál kona-ba ami-nia workshop ba hakerek-na'in, informasaun kona-ba oinsá atu submete livru ba publikasaun, no oportunidade kriativu seluk.

Ó gosta livru ne'e?

Ami iha istória orijinál atus ba atus ne'ebé ita bele lee.

Ami servisu hamutuk ho hakerek-na'in lokál sira, edukadór sira, konsellu kultura nian, Governu no ONG sira atu lori ksolok lee ba labarik sira iha fatin ne'ebé de'it.

Ó hatene?

Ami kria impaktu globál iha área hirak-ne'e tanba ami servisu tuir Objetivu Dezenvolvimentu Sustentavel Nasoens Unidas nian.

www.ingramcontent.com/pod-product-compliance
Lightning Source LLC
Chambersburg PA
CBHW040320050426

42452CB00018B/2945